Wieder gelassen werden

Armin Heller

Wieder gelassen werden

kiefel

EIN BAROMETER hängt in meines Freundes Zimmer, das geht nicht, sondern steht auf gutem Wetter immer. Ein solches Wetterglas ziemt philosophischen Sinnen: was draußen wechselnd schwankt, sei stete Ruhe drinnen.

Friedrich Rückert

Ein schöner Gedanke ist mein Bote,
der mich zu dem hellen, heiteren
Ort in meinem Inneren führt.

HABE GEDULD gegen alles Ungelöste in deinem Herzen und versuche, die Fragen selbst liebzuhaben, wie verschlossene Stuben und Bücher, die in einer sehr fremden Sprache geschrieben sind. Forsche jetzt nicht nach den Antworten, die dir nicht gegeben werden können, weil du sie nicht leben kannst. Und es handelt sich darum, *alles* zu leben. Lebe jetzt die Fragen. Vielleicht lebst du dann allmählich, ohne es zu merken, eines fernen Tages in die Antwort hinein. **Rainer Maria Rilke**

Ich bleibe neugierig auf meine
Fragen, denn sie sind
die Bausteine meiner Zukunft.

LANGSAM SCHRITT für Schritt die Treppe weiter hinauf! Wahrlich, die Welt bietet nicht solch ein Übermaß von Genüssen, daß man sie in Sprüngen überfliegen dürfte. Und ist nicht jede Stufe, die man augenblicklich aufwärtssteigend betritt ein Glück? Und ist nicht der Treppenabsatz, auf dem man einen Moment stillhält und sich nochmals faßt, eine Seligkeit?

Wilhelm Raabe

Nie kann ich mit weniger Aufwand mehr Erkenntnis und Freude gewinnen als durch Innehalten dann und wann.

DIE LEUTE HABEN immer zu reden, du magst alte oder neue Sachen machen. Den Leuten entrinnt man nie, man mag es machen, wie man will; aber man kommt am ungebissensten davon, wenn man es mit ihnen gerade macht wie mit den Hunden (ihre Ehre vorbehalten!): Diese beißen die am meisten, welche sich am meisten vor ihnen fürchten.

Jeremias Gotthelf

Ich würde mich verlieren, wenn ich es allen recht machen wollte. Ich gewinne mich, wenn ich zu meinen Überzeugungen und Taten stehe.

WIR HÖREN VIEL, aber wir hören erst eigentlich, wenn wir die wirren Stimmen haben sterben lassen und nur noch eine spricht. Wir sehen viel, doch wir sehen erst eigentlich, wenn wir die wirren Lichter alle ausgeblasen haben und nur das eine klare, große in der Seele leuchtet.

Meister Eckhart

Mit allen Sinnen will ich schweigen, damit ich die eine Stimme wieder höre.

ICH BIN BESTÜRZT, daß Gott mich so reich gemacht hat mit meiner eigenen dürftigen Habe. Es bedarf nur einiger Strohhalme in der Sonne, eines kleinen gesprochenen Wortes oder eines, das lange schweigend in einem Buch geruht.

Henry David Thoreau

Wenn ich weiß, was für mich wirklich wichtig ist, habe ich einen wertvollen Edelstein gefunden, und auch die kleinen Glitzersteine des Alltags sind mir dann nicht mehr gleichgültig.

BÄUME SIND MEISTER der Geduld: Sie bieten Schatten und liefern uns Obst, und Vögel nisten in ihren Zweigen . . . Und lehren sie uns nicht jedes Jahr aufs neue, mit frischem Mut wieder anzufangen?

Dom Helder Camara

Ich halte mich an den Satz: Kenne deine Wurzeln, wisse, was dir Kraft gibt und dein Blühen wird nicht enden.

MAN MUSS ein halbes Leben dranwenden, um einzusehen, daß sich die Waage des Daseins nur im Gleichgewicht halten läßt, wenn man zweierlei in die Schalen legt: Geduld und Liebe. **Karl Heinrich Waggerl**

Die Kraft der Leidenschaft bringt rasche Wirkung. Die Kraft des Ausgleichs bringt mir dauernde Wirkung.

WIE KANNST DU aber voll und echt Mensch sein, wenn du dich selbst verloren hast? Auch du bist ein Mensch. Damit deine Menschlichkeit allumfassend und vollkommen sein kann, mußt du also nicht nur für alle anderen, sondern auch für dich selbst ein aufmerksames Herz haben. Wie lange noch schenkst du allen andern deine Aufmerksamkeit, nur nicht dir selber? Ja, wer mit sich selbst schlecht umgeht, wem kann der gut sein? Denk also daran: Gönne dich dir selbst.

Bernhard von Clairvaux

Wenn ich lieber andere beobachte und kritisiere, bin ich nur zu feige, in mein Inneres zu schauen. Habe ich meinen Frieden gefunden, kann ich auch anderen Frieden schenken.

DAS IST LIEBE: Wenn man unter Darben, in Beraubung und Verlassenheit ein Brennen hat, ein ständiges unbewegliches Quälen, und dabei doch in rechter Gelassenheit steht.

Johannes Tauler

Der gewaltige Fluss versiegt ohne seine Quelle. Darum will ich meine Quelle klar und offen halten.

ES GIBT AUGENBLICKE in jedes Menschen Leben, in welchen er eines Planes gewahr wird, der durch sein Dasein hindurchgeht, eines Planes, den er nicht entworfen hat, dessen Gedanke ihn gleichwohl entzückt, als habe er ihn selbst erdacht. **Paul de Lagarde**

Weil ich meinen Standort kenne
und mein Ziel weiß, kann ich
ganz gelassen meinen Weg gehen.

DER FISCH im Wasser schweigt, das Tier auf der Erde lärmt, der Vogel in der Luft singt. Aber der Mensch hat in sich das Schweigen der See, den Lärm der Erde und die Musik der Lüfte.

Rabindranath Tagore

Wenn ich etwas
verstehen will,
muss ich hören können.

ES STIMMT ZWAR, daß man den Stein der Weisen nicht finden kann, aber es ist gut, daß man danach suche: Denn dabei findet man sehr schöne Geheimnisse, die man nicht gesucht hat.

Bernard Le Bovier de Fontenelle

In Vielfalt und Einerlei, in Mühsal und Ruhe das Wunderbare zu finden wissen, ist für mich eine ständige Quelle des Glücks.

ICH HABE MICH oft gefragt, ob nicht gerade die Tage, die wir gezwungen sind, müßig zu sein, diejenigen sind, die wir in tiefster Tätigkeit verbringen? Ob nicht unser Handeln selbst, wenn es später kommt, nur der letzte Nachklang einer großen Bewegung ist, die in untätigen Tagen in uns geschieht?

Rainer Maria Rilke

Ich nehme mir die Zeit,
Zeit zu haben. Denn alles
Große reift in der Stille.

DAS LEBEN mit seinen verschiedenen Epochen ist eine Schatzkammer. Wir werden reich in *jedem* Gewölbe beschenkt; *wie* reich, das erkennen wir erst bei dem Eintritt in das *nächste* Gewölbe.

Friedrich Hebbel

Ich mache mir die Freude,
so zu leben, dass ich möglichst viele
glückliche Erinnerungen habe.

GOTT WILL UNS nicht der Lust berauben, er will uns Lust geben in Unendlichkeit. Ein gelassener Mensch soll nicht allzeit darauf achtsam sein, wessen er bedürfe, er soll darauf sehen, wessen er entbehren kann.

Heinrich Seuse

Es ist ein köstliches Lebensgefühl, in Dankbarkeit zu genießen.

GENIESSE, was du hast, als ob du heute noch sterben solltest, aber spar es auch, als ob du ewig lebtest. Der allein ist weise, der, beides eingedenk, im Sparen zu genießen im Genuß zu sparen weiß.

Christoph Martin Wieland

Das Glück, das ich verlange,
hindert mich, das Glück
zu genießen, das ich habe.

ZUR BESONNENHEIT gehört es, die rechten Pläne zu fassen, das Gute und Schlechte und alles, was im Leben zu erstreben und zu meiden ist, beurteilen zu können, alle vorhandenen Güter recht zu benutzen, den richtigen Umgang zu pflegen, überall den rechten Zeitpunkt zu erkennen, geistesgegenwärtig zu sein in Wort und Tat, in allen nützlichen Dingen erfahren zu sein.

Aristoteles

Ich kenne das Gute und bin mit mir im Einklang. So kann ich ganz gelassen meine Entscheidungen treffen.

GELASSENE ANNAHME der Wirklichkeit ist die Bedingung dafür, daß der Mensch mit der Welt, mit seinesgleichen und mit sich selbst in Freundschaft leben kann, also die Bedingung eines glücklichen Lebens.

Robert Spaemannm

Ich weiß, daß alles vorübergeht
und ich nur glücklich sein kann
im gegenwärtigen Augenblick.

Die Deutsche Bibliothek — CIP-Einheitsaufnahme

Heller, Armin:
Wieder gelassen werden / Armin Heller. – Gütersloh: Kiefel, 2002
(Geschenke der Zuversicht)
ISBN 3-579-05675-1

ISBN 3-579-05675-1

Produktion: art und weise – Carsten Schorn, Merzhausen

Druck und Verarbeitung: Proost, Turnhout, Belgien
Printed in Belgium

www.kiefelverlag.de

Wieder gelassen werden